W0375039

diálogo
infantil
LIBROS MUY
ILUSTRADOS

© Del texto Ana-Luisa Ramírez

© De las ilustraciones Carmen Ramírez

© De esta edición EDITILDE S.L.
General Urrutia, 12 -10ª
46006 Valencia
Tel. y Fax: 96 316 30 14.
E-mail: dialogoinfantil@ctv.es
Web: www.editorialdialogo.es

1ª Edición Octubre de 2005

Libros muy ilustrados
Diseño y producción Miguel Calatayud

Coordinación editorial Vicente Vilana

Realización y maqueta Diagrama Gráfico

Impresión Gráficas Rógar, S. A.
Tfno. 91 811 40 40
Impreso en España / Printed in Spain

I.S.B.N. 84-95333-72-4

Depósito legal M-47.572-2007

Quedan rigurosamente prohibidas, sin la autorización escrita de los titulares del "Copyright", bajo las sanciones establecidas en las leyes, la reproducción total o parcial de esta obra por cualquier medio o procedimiento, comprendidos la reprografía y el tratamiento informático, y la distribución de ejemplares de ella mediante alquiler o préstamos públicos, así como su exportación o importación.

LISA, espero que
este "Así es la vida"
te ayude a vivir
la tuya
Con cariño
Car...

Así es la vida

En la vida, hay veces que deseamos cosas…

…y las conseguimos.

Pero también hay veces que,
por más que persigamos algo con todas nuestras fuerzas
o incluso lo necesitemos muchísimo,
no hay forma de conseguirlo.

Así es la vida.

A veces deseamos darnos un fabuloso baño
jugando en el agua

bajo el sol
del verano y…

¡Lo conseguimos!

Pero otras veces –precisamente cuando más nos gustaría hacerlo–, pillamos un molesto resfriado que nos obliga a cambiar los planes.

Así es la vida.

A veces, deseamos que nos hagan el regalo
que más ilusión nos hace y…

¡Lo conseguimos!

Pero otras veces, cuando más convencidos estamos de que lo vamos a recibir, nos regalan justo lo que menos nos podría ilusionar, o ni siquiera eso: nada.

Así es la vida.

A veces deseamos
ser la mar de guapos,
de listos,
de divertidos
y agradables
con la gente y…

¡Lo conseguimos!

Pero otras veces tenemos el día tonto y nos sentimos torpes, horribles, estamos de mal humor, nos ponemos desagradables o metemos la pata.

Así es la vida.

A veces deseamos que alguien nos quiera mucho mucho,
que nos cuide, que nos mime y…

¡Lo conseguimos!

Pero otras veces, precisamente cuando más estamos necesitándolo, no aparece nadie y nos sentimos muy muy solos.

Así es la vida.

A veces deseamos ver recompensado
ese gran esfuerzo que hemos hecho y…

¡Lo conseguimos!

Pero otras veces, en el último momento de nuestro largo esfuerzo, ocurre algo inesperado y ya nada sale como queríamos.

Así es la vida.

A veces desearíamos que lo más agradable y hermoso que nos está ocurriendo, no se terminara jamás. Pero todo –lo mejor, lo peor y lo regular–, un día se acaba y las cosas cambian.

Así es la vida.

Siempre deseamos que las personas
a las que queremos
no desaparezcan nunca.

Pero siempre ocurre que,
tarde o temprano,
todos dejamos esta vida.

Algunos desaparecen cuando ya son muy viejitos,
otros cuando aún son jóvenes e incluso otros,
cuando todavía son niños.

Así es la vida.
(Y la muerte).

Pero si un molesto resfriado
no te permite el baño,
quizá sea el momento de descubrir
lo bien que sabes pintar.

Y si te han hecho el regalo más espantoso e inútil del mundo,
quizá consigas poner a prueba tu ingenio
y convertir en útiles los trastos más inservibles.

Y si un día te sientes torpe, horrible, de mal humor, desagradable y metepatas, quizá estés en la situación ideal para quedarte un ratito a solas y aprender a hablar contigo.

Y si, cuando más estás necesitando los mimos
y cuidados de esa persona, resulta que no aparece,
quizá puedas escribirle
la mejor carta de tu vida.

Y si después de un enorme esfuerzo ocurre lo inesperado;
si aquello tan agradable y hermoso sale mal o se termina y todo cambia,
quizá en el cambio te encuentres con cosas nuevas, diferentes,
pero igualmente agradables, hermosas y además por estrenar.

Y si te ocurre que una persona a la que quieres muere,
quizá necesites llorar, sentir dolor, tristeza y hasta una rabia feroz;
pero después, tal vez encuentres el más amable lugar
donde colocar a esa persona en tu memoria.
Y, seguramente, desde ese lugar
te acompañará siempre.

Cuando, aun poniendo nuestras mejores intenciones, las cosas no salen como deseamos, quizá tengamos que pegarle una patada de rabia, dolor o tristeza a la vida y dejarla como un puzzle desmontado.
Seguro que después encontramos otra forma de montarlo.

Así es la vida y...

¡NO NOS LA PODEMOS PERDER!

LAS AUTORAS

Ana-Luisa Ramírez (Valencia 1956). En la infancia, mi hermana Ana-Luisa y yo solíamos viajar a nuestra especial ventana del mundo: el escaparate del kiosco de la Sra. Teresa. Era una ventana ante la que pronunciábamos la fórmula mágica *"¡Me lo pido!"* y –como si se tratara de aquel *"¡Ábrete Sésamo!"*–, de detrás de los cristales surgían imágenes, palabras, deseos, frustraciones... que hacían posible cualquier imposible fugado de las fronteras del escaparate.

De pequeña, a Ana-Luisa la escuela le daba frío, de modo que –en silencio– se construyó su jungla particular y en ella se hizo cazadora de palabras. Después se convirtió en maestra para poder jugar con niños y lenguajes, para viajar entre los renglones de las fantasías y sus realidades. Desde entonces abre, cierra y entreteje palabras, las rima, las rema, las rumia... les mira ombligo y espalda y las cambia como cromos.

Vive a la luna de Valencia y, a la luna de Valencia, tuvo un hijo.

A Ana-Luisa y a mí, además de la fraternidad, nos unen los textos-tejidos, los espejos, los espacios sin tiempo... y este libro con palabras e imágenes a estrenar.

Carmen Ramírez (Valencia 1953). Siempre soñó con las musas, las arañas (tejedoras) y con las musarañas. Carmen emprendió el vuelo a muy temprana edad y se instaló en Viena. Se licenció en Pedagogía del Arte y Arte Textil, allí tuvo tres hijas y allí se tejió la vida.

Desde pequeña, mi hermana Carmen pescaba imágenes buceando por el país de Entrelenguas, manejaba colores, papeles, tijeras, hilo y aguja, traduciendo la vida a imagen, objeto y color. ¿Que había que memorizar lecciones o poesías?: ¡Dibujitos! ¿Chuletas para un examen?: ¡Dibujitos! Cuando yo "heredaba" sus libros escolares, me llegaban lleeenos de dibujitos misteriosos. Era fastidioso no estrenar libros, pero venía muy bien aquella herencia como antídoto contra el aburrimiento escolar.

En nuestra habitación, alimentábamos un lugar secreto ideado por Carmen: bajo el tablero superior y los faldones de la mesa camilla, redondo como el mundo, estaba nuestro museo de musarañas particulares. Letras, garabatos y dibujos surcando la madera.

Así –también–, es la vida: oculta, secreta y redonda.

diálogo
infantil
LIBROS MUY ILUSTRADOS

TÍTULOS PUBLICADOS

1 / Operación J
Daniel Nesquens
Alberto Gamón

2 / El bosque de mi abecedario
Pedro Villar
Miguel Calatayud

3 / Gato Gato
Claudia Legnazzi

4 / A galope tendido
Fernando Martos
Cintia Martín

5 / La niña y el oso
Antonio Ventura
Enrique Flores

6 / ¡Que vuelvan las vacas locas!
Carles Arbat

Premi Llibreter 2005. Àlbum Il·lustrat
Gremi Llibreters
de Barcelona i Catalunya

7 / Así es la vida
Ana-Luisa Ramírez
Carmen Ramírez

8 / Tres viajes
Jordi Botella
Miguel Calatayud